小さな家、ひと部屋からできる

枝もののある暮らし

小野木彩香

X-Knowledge

はじめに

「枝ものを飾る」と聞くと、立派な枝ものを床の間の骨董の焼き物にかしこまって生けるといったイメージを持たれている方も多いかもしれません。

しかし、小ぶりな枝ものをさまざまな居室のガラスのフラワーベースにさりげなく生けるだけでも、野性味のある枝ぶりや、さわやかな緑葉、愛らしい花実を十二分に堪能できます。また枝ものは、寿命がおよそ2週間〜1カ月と生花と比べて長持ち、ドライになっても楽しめる植物も多く、かつお手入れが楽など、いまの住居、ライフスタイルに実はとても適したインテリアプランツなのです。

床の間だけでなく、リビングやダイニング、キッチン、サニタリー、玄関、階段、ワークスペースなど、場所を選ばずに生ける——。花瓶に入れるだけでなく、ありのまま置く・吊るす、一輪挿しにする、さらにはリースやスワッグ、ブーケなどアレンジして飾る——。

本書には、限られたスペースの小さな家やマンション、ワンルームといった現代型住居で、枝ものの野趣を存分に味わうためのアイデアやノウハウが詰まっています。植物選びやお手入れに自信がないという方のために、お花屋さんで入手できる四季折々の枝もの図鑑や、水揚げ・剪定の仕方などもご用意しています。

フェミニンなお花使いだけでなく、マニッシュなボタニカルライフにも関心がある方、タイパ優先の現代でこまめに植物をお世話することに自信がない方、そして木々や花々に癒やしを求める全ての方々にとって、本書が枝ものをお家に迎え入れるきっかけになれば幸いです。

目 次

参考文献

『東京植物図譜の花図鑑1000』（日本文芸社）

『花屋さんで人気の469種 決定版 花図鑑』（西東社）

『和ハーブのある暮らし』（エクスナレッジ）

『季節の行事といまときのしつらい手帖』（エクスナレッジ）

Art Director & Book Designer

鈴木美絵　Mie Suzuki

Photographer

高橋郁子　Ikuko Takahashi

編集協力

高橋顕子　Akiko Takahashi

印刷

図書印刷株式会社

枝ものとは

　本書では、茎が硬く木質化している木本植物のうち、お花屋さんで観賞用の切り花として出回っているものを「枝もの」として取り上げています。

　お花見のサクラ、桃の節句のモモ、お正月のマツ、節分のヒイラギ、お盆のホオズキ ── 古来枝ものは、日本の行事と深い関わりがあり、親しまれてきました。そのため、枝ものと聞くと「和」のイメージを持つ人も多いかもしれません。

　一方で、お花屋さんに切り花として並ぶアジサイやミモザ、昨今人気の高いネイティブプランツ系のユーカリやバンクシア、ワックスフラワーなども枝ものに分類できます。公園などでよく見かけるユキヤナギやモクレン、身近な街路樹であるシャリンバイなどもお花屋さんで手軽に入手できます。
　また、リースやスワッグの花材には、針葉樹のコニファーやヒムロスギ、赤い実をつけるノバラ、バラ、ナンテンといった枝ものがよく用いられます。
　そして最近では、モダンなインテリアに自然のさわやかさと癒やしを与えるドウダンツツジがとても人気です。

　枝ものをひとたびお家に迎え入れれば、今よりもずっと身近で愛おしく感じられるようになるはずです。

　早速、枝もののある暮らしを始めてみましょう。

第 1 章

枝ものを迎え入れる準備

お花屋さんで枝ものを買ってきたら
ワクワクする気持ちとともに、枝ものを飾る準備をしましょう。

特別な道具は要りませんが、

よく切れる剪定バサミやフローリストナイフがあると便利です。

ほんのひと手間をかけてあげるだけで、

より美しく、洗練された印象に。

そして、長い時間、暮らしに季節の彩りを与えてくれます。

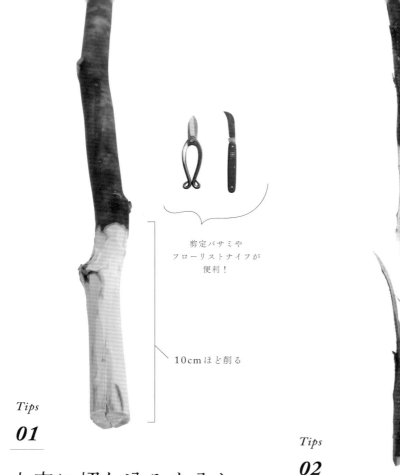

剪定バサミや
フローリストナイフが
便利！

10cmほど削る

指先を使って
ポキッと！

Tips

01

十字に切り込みを入れ、
樹皮を削る

多くの枝ものに用いる方法。まず、ハサ
ミやナイフで切り口を切り落とします。
断面に十字の切り込みを入れ、樹皮をカッ
ターで削ります。切り込みが入れにくい
枝ものは、樹皮を削るだけでも OK です。

Tips

02

手で折る

ユキヤナギのように小花をつける春の枝
ものにおすすめ。手で折ると枝の繊維が
崩れ、より水を吸い上げやすくなり、花
まで水が行き渡るようになります。

枝ものを新鮮に保つ

水揚げの方法

枝ものを飾るための最初のひと手間。
切り口を丁寧に処理する「水揚げ」をして、枝ものの鮮度を保ちましょう。
枝の太さや硬さ、種類に合わせた４つの水揚げの方法を紹介します。

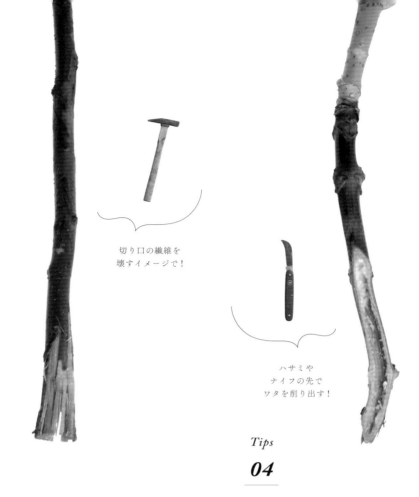

切り口の繊維を
壊すイメージで!

ハサミや
ナイフの先で
ワタを削り出す!

Tips
03

ハンマーで叩く

小花をつける春の枝もののうち、コデマ
リやヒペリカムなど手で折りにくいもの
はハンマーで叩き割ります。

Tips
04

ワタを取り除く

茎の中にワタがが入っているアジサイな
どに用いる方法です。ハサミやナイフな
どで切り口を大きく斜めにカットし、中
のワタを刃物の先で削って取り除きます。

Point

☑ **茎はしっかり洗う**

切り口の処理が終わったら、きれいに
洗っておきましょう。木くずなどがつい
た状態で生けると、水の中で雑菌が繁殖
しやすくなり、腐敗の原因になります。

枝ものを美しく見せる

剪定のポイント

こまめに
チョキチョキ！

お花屋さんで買ってきた枝ものは、飾る前によく眺めて、
きれいに整えましょう。また、飾ってからもこまめに剪定すると美しさを保てます。

Point

01

枯れ葉を取る

枯れ葉は、変色していたり、しわしわに縮れていたりします。飾る前、飾ってからもたびたび枝の先までチェックし、枯れ葉を手で取る、あるいは脇枝ごとハサミでカットすると、元気な葉に水が届きやすくなり、全体がよりイキイキとします。

Point

02　葉がついていない枝は切り取る

Before

After

葉がついていない枝を残したまま飾ると、全体に枯れた印象を与えます。ハサミを使って枝分かれしているところから切り取るようにしましょう。

Point

03 重なる部分は切り取る

Before

After

枝ものを花器に入れて正面から見たときに、枝と枝、葉と葉が重なり合っていると、枝のラインがきれいに見えず、混み合った印象を与えます。ハサミを使って枝分かれしているところから切り取りましょう。

Point

04 長く、大きい枝ものは切り分ける

After

Before

長く大きな枝ものをそのまま飾るのもいいですが、飾りたいスペースや花器のサイズに合わないことがあります。
枝分かれしているところから切り分けて、それぞれ花器に生けるとさまざまな場所に飾ることができます。

枝ものを長く楽しむ

生け方と手入れの方法

枝ものを美しく、長く保つのは
生け方やふだんのお手入れ次第。
ここでは生け方と手入れについて
5つのポイントを紹介します。

Point

01

大きな枝ものは
重量感のある花器に
生ける

背が高いものや、大きく枝が広がるも
のは、重量感のある花器に生けると、
倒れにくく、安心です。枝の広がりは、
器の底の直径3〜4倍程度にとどめて
おくとバランスよく見えます。

02

水はたっぷり入れる

枝の先まで水を行き渡らせるため、花器の8割くらいまで、たっぷり水を入れましょう。頻繁に水を換える必要はありませんが、水が濁る前に新鮮な水に取り換えます。水に浸かっていた枝にぬめりがある場合は、手で洗い流しましょう。

03

水に浸かる葉は 取り除く

花器内の水に浸かる葉は、腐敗の原因になるので必ず取ります。

葉全体に
シュッシュ！

04

2日に1回、 葉に霧吹きをする

霧吹きで葉に水を吹きかけることを「葉水（はみず）」といいます。葉からも水分を得られるため、みずみずしさが持続します。

05

小枝は小瓶に生ける

枝を剪定したり、うっかり枝の一部を折ってしまったりしてできた小枝は、捨てずに小瓶に飾りましょう。サニタリーやキッチン、仕事机など、小さな空間に癒しを与えます。

第 2 章

小さな家でもできる
枝ものディスプレイ

枝ものは、生活のあらゆるスペースになじみます。

大きな花器に入れてダイナミックに飾るのはもちろん、

小さなグラスに小分けにしたり、平たいお皿にちょこんと置いたり、

心の向くまま自由に飾るといいでしょう。

ここでは、さまざまなスペースでのおすすめの飾り方を提案します。

「Point」に枝ものを飾るときの注意点などを、

「Other」にそのスペースに合うほかの枝ものを掲載しています。

ちょっとしたポイントを押さえると、枝ものの個性を生かすことができ、

枝もののある暮らしを気持ちよく始めることができます。

食卓をさわやかに彩る

Branch
ドウダンツツジ × *Dining room*

Place

インテリアグリーンとして人気のドウダンツツジ［P.92］。

華奢で広がりのある枝と、細やかで透け感のある葉が
夏のダイニングルームに清涼感をもたらします。

ドウダンツツジは香りもなく、手入れを怠らなければ
葉が枯れ落ちたり、水が濁ったりすることもありません。
衛生的で、食卓に飾るにはぴったりの枝ものです。

Point

☑ 大ぶりの枝ものを飾る場合は生
活動線の邪魔にならないように
気をつける

☑ 直射日光の当たらない場所に飾る

☑ 大ぶりの枝ものなら1本でも室
内の雰囲気が一変する

Other

カクレミノ	P.100
クロモジ	P.113
アセビ	P.116

くつろぎの時間に寄り添う

Branch **ライラック** ✕ *Place* *Living*

テレビを見たり、音楽を聞いたり、ソファに寝そべったり。
リビングはみんなが集まってくつろぐ空間。
旬の花ものを飾ってみてはどうでしょう。

ライラック［P.86］の旬は5月。
新生活が始まり、やや疲れがたまり、緊張感も高まるこの時期に、
さわやかな香りのする淡いピンク色の花が
リラックスタイムに寄り添います。

Point

☑ 飾りたい場所の空間に合わせて、枝、花器のサイズを調整する

☑ 季節を感じられる実ものもおすすめ

Other

華やかに出迎える

Branch サクラ ✕ *Entrance* *Place*

三寒四温を繰り返す季節、
外のサクラ［*P.88*］はまだつぼみすら
つけていませんが、枝ものは
一足先にお花屋さんに出回ります。

枝ぶりのよいサクラを玄関に床置きして、
すぐそこまで来ている春を迎えましょう。
季節を先取りした枝ものは、
内と外、人と人とを
ゆるやかにつないでくれます。

Point

☑ 玄関先は多くの人の目に留まる
ので、季節や行事を意識した枝も
のを選ぶ

☑ 剪定した庭木などを飾るのもお
すすめ

 ## *Other*

清々しく送り出す

Branch
ティーツリー ✕ *Entrance*
Place

人の出入りが多い玄関は、清潔にしておきたい空間の一つ。

掃除の仕上げに、精油の原料にもなっているティーツリー［*P.106*］を飾って清涼感をプラス。

玄関は、温度差が激しく、水場が遠いため水換えにも手間がかかるので、

あまり手入れの必要がない丈夫な枝ものがおすすめです。

Point

- ☑ 外出時や帰宅時に気持ちが明るくなるような枝ものを選ぶ
- ☑ 香りがするものもおすすめ
- ☑ 水場が遠い場合は、手入れのストレスが少ない丈夫な枝ものを選ぶ

Other

自然光を受け止める

Branch ツツジ ✕ *Window* *Place*

窓辺に旬を先取りした枝ものを飾ると、
室内に新しい季節を呼び込むことができます。
ツツジ［P.86］のように花を咲かせる枝ものは、
つぼみの状態から飾っていると、次第に咲いていく姿を愛でることができます。
枝ものは、切り花と比べると丈夫で、
多少、日光に当たってもしおれたり、枯れたりしないのがいいところ。
柔らかな自然光を受け、のびのびと枝葉を広げる様は、
見ている人の気持ちを和らげてくれます。

Point

☑ 北側など、直射日光が入りにくい
　窓辺に飾る

☑ 窓枠のサイズに合わせ、枝、花器
　のサイズを調整する

 ## Other

見上げても、見下ろしても

Branch ウンリュウヤナギ × Place Stairs

階段のちょっとしたスペースに
繊細に枝を伸ばすウンリュウヤナギ［P.119］を床置きしました。

下から見上げると、くねくねとした枝ぶりが手招きをしているよう。
近くで見下ろすと、つるっとした枝の質感に思わず触れたくなります。
葉のないシンプルな枝ものだからこそ、
見る角度によるフォルムの違いが楽しめます。

Point

- ☑ 空間が狭いので、枝葉が広がっていないものがおすすめ

- ☑ 枝が細いものは、口の広い花器に生けると斜めに倒れるので、口の狭い花器に数本入れる

- ☑ 倒れないように重い花器に生ける

 Other

自分のために飾る

Branch
スノーボール ✕ *Kitchen* *Place*

家の中で、長く一人の時間を過ごすスペースに
だれかのためではなく、自分のための一枝を飾りましょう。

キッチンの棚に、柔らかなグリーンの小花をたっぷりつけた
スノーボール［P.90］を飾りました。
せわしないときにふと目を留めると、
深呼吸を促してくれるような気がします。

Point

☑ 水換えや剪定をこまめに行える
場所なので、繊細な枝ものを飾る
のにぴったり

☑ ダイニングやリビングに飾る枝
ものを切り分けた際に半端に
なった小枝を小瓶に生け、おそろ
いにするのもおすすめ

 Other

クリーンな空間を演出

Branch ミツマタ ✕ *Place* *Restroom*

扉を開けると、ミツマタ［P.87］の甘い香りがふんわり漂います。
サニタリーには清涼な香りがする枝ものがお似合い。

花が開いたら、小枝をそのままちょこんと横置きにしておくと
ドライになって長い時間、楽しませてくれます。

Point

- ☑ 葉や花びらが落ちにくく、水が汚れにく
  いものを選ぶ
- ☑ 空間が狭いので、枝葉が広がっていない
  ものがおすすめ

 Other

仕事時間の癒しの一枝

Branch
ノバラの実　×　*Workspace*　*Place*

デスクワークのおともにノバラの実 [P.102]。
仕事の手を休めて顔を上げると、赤くかわいい実がこちらを見ています。
実の質感や色、枝ぶりなどを眺めていると、
新しいアイデアが湧いてくるかも。

枝が引っかかったり、花器が倒れて水がこぼれたりしないよう、
大ぶりのガラス瓶の中に収めています。

Point

☑ 水量が少なくてもよいものを選ぶ

☑ ドライにしてから飾るのもおすすめ

☑ 花器は倒れにくいものを選ぶ

 Other

サンキライ P.99

キイチゴ P.99

シンフォリカルポス P.105

心地よい眠りをいざなう

Branch　コットンツリー　✕　*Place*　*Bedroom*

寝室のファブリックと親和性のあるコットンツリーを
真っ白な陶磁器の花器に挿して、やすらぎの空間に。

ドライになっているので、水いらず。一枝を横に倒して置いておくのも素敵です。
コットンボールに安眠を促すアロマオイルを垂らして
今日も1日おつかれさま。いい夢が見られそうです。

Point

☑ ベッドや布団の近くに置く場合は、水の
いらないドライになったものがおすすめ

☑ 花ものや、針葉樹など好きな香りの枝も
のを選ぶ

Other

第 3 章

枝ものを楽しむ
アレンジメント

花器に入れて飾るのももちろんいいですが、

少し手を加えると枝ものの魅力はさらにアップします。

ブーケやリース、スワッグなどの定番飾りから、

「置くだけ」「吊るすだけ」「貼るだけ」など

ほんのひと手間をかけた飾り方まで

部屋を彩るさまざまなアレンジ手法を紹介します。

アレンジに用いている枝ものはほんの一例です。

好きなもの、手に入れやすいものでお試しください。

春の枝ものブーケ

ピンクやパープルなどフェミニンな色が中心の
春のブーケは、枝ものをアクセントにすると、
大人っぽく、洗練された印象になります。
白とグリーンの花をつけるシロバナマンサクは、
柔らかな花々によくなじみます。
ほかにもユキヤナギやライラック、コデマリなど
小さな花をつける枝ものがおすすめです。

作り方

[花材・道具]

- シロバナマンサク
- アストランティア
- ヤグルマソウ
- チューリップ
- バラ
- ラナンキュラス
- キアネラ
- デルフィニウム〈ラクスパー〉
- クレマチス
- ハサミ
- ひも

シロバナマンサク

デルフィニウム　キアネラ　ヤグルマソウ　アストランティア　バラ　クレマチス　ラナンキュラス　チューリップ

01 ── シロバナマンサクを40cmほどの長さに切り分ける。

02 ── シロバナマンサク以外の花材は、下葉を取り、それぞれ30cmほどの長さに切り分ける。デルフィニウムは、花が咲いていないつぼみだけのものも使用する。

03 ── シロバナマンサクの手前にバラを束ねる。シロバナマンサクの花よりも低い位置に配するのがポイント。

04 ── <u>03</u>と同様、ラナンキュラスを束ねる。このとき、バラもラナンキュラスも花の顔が見えるように段差をつける。

05 シロバナマンサクを束ねる。バラやラナンキュラスよりも高い位置になるようにして枝のラインを見せる。

06 ブーケの右側にチューリップやデルフィニウムを束ねる。デルフィニウムはつぼみ部分が飛び出すようにするとメリハリが出る。

07 ブーケの左側につぼみだけのデルフィニウムを束ねる。

08 シロバナマンサクやデルフィニウムのつぼみなどはあえて飛び出すようにするなど、段差をつけながら残りの花材を束ねていく。華奢なクレマチスは、ほかの花に埋もれてしまわないよう、最後に手前側に束ねる。

09 形が決まったら、茎の長さが全長の 1/3 ほどになるよう切りそろえる。

10 ブーケを握っている手よりも上の、くびれ部分に麻ひもを巻きつけて固定する。

11 できあがり。

ドライボタニカルの "置くだけ" 飾り

ドライミモザをかごに入れ、雑誌の束の上に載せただけ。
きれいにドライにした枝ものは、置いておくだけで様になります。
雑然とした室内でも、枝ものがあると「きちんとした」印象になります。
さりげなく置くだけで完成するアレンジを5つ紹介します。

Method

干しておけば2週間でドライに

📖 参考：
拙著『朽ちてなお美しいドライボタニカル入門』

2 weeks...
▷

ミモザなどドライに適した枝ものを用意し、ワイヤーなどで束ねて逆さに吊るしておくだけ。
直射日光を避け、風通しのよい場所に吊るしておくときれいに乾く。

2週間ほどでボリュームが1/3ほどになり、色もアンティーク風に変わる。なお、ミモザは
ドライにすると葉が落ちやすいので、必要に応じて葉を取ってから乾かすとよい。

ミモザの小さなブーケをドライにし、キッチンの棚
の中に置きました。ちょこんとしたたたずまいがか
わいらしく、目に入るたびに口角が上がります。

ドライになったユーカリの実を、邪気やケガレなどを祓うとされる粗塩の上に
置き、枝ものや実を添えるだけで気の利いたあしらいになります。アロマを垂
らし、気が溜まりがちと言われる玄関やトイレに置くのもいいでしょう。

ドライになった状態で花材として出
回っているシーブッシュ。原料とな
る植物には諸説ありますが、サンゴ
のような不思議なフォルムに目を奪
われます。棚の上にあるほかのオブ
ジェを引き立ててくれます。

ユーカリとマグノリアの枝をドライ
にして、ソファの後ろに置きました。
デッドスペースだから邪魔にならな
いのがいいところ。床に無造作に置
くだけ。そんな演出も一興です。

緑のバースデーアーチ

たっぷりの枝ものを用意して、ハンガーラックに絡ませれば
室内にグリーンアーチを作ることができます。
ウエディングの装飾などでもよく使われる手法ですが、
家庭での誕生日パーティーなどにもおすすめです。
アーチをバックに写真を撮れば、忘れられない思い出になります。

ハンガーラック／コットンハウス・アヤ

作り方

[花材・道具]

- アセビ
- ユキヤナギ
- ウンリュウヤナギ
- デルフィニウム

○ ハンガーラック
○ 結束バンド

01 ハンガーラックを用意する。写真のものは高さ140cmだが、家にあるものでOK。

02 ハンガーラックのポールが交差している部分を隠すように、ユキヤナギをつける。まずは、ハンガーラックの角に合わせて、サイズ感や位置を検討する。

03 ハンガーラックの横のポールにユキヤナギを配し、結束バンドで固定する。結束バンドの余った部分はハサミなどで短くカットする。

短くカット！

固定

04 葉がたっぷりとついたアセビをユキヤナギ
に重ねるように配し、同様に結束バンドで
固定する。

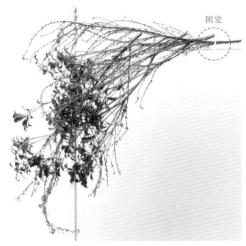

固定

05 アセビが続くと重たい印象になるので、ユ
キヤナギをアセビに重なるように配し、同
様に結束バンドで固定する。

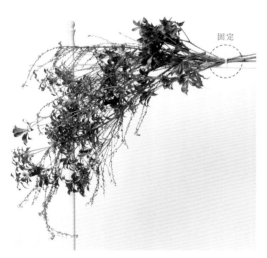

固定

06 03、04、05 で使用した結束バンドを隠すよ
うにアセビを配し、結束バンドで固定する。

07 ハンガーラックの横の棒の半分くらいまで
枝ものをつけたら、華やかさを加えるため
の花もののデルフィニウムや、ユニークな
ラインを出すためのウンリュウヤナギを配
し、結束バンドで固定する。

08 花材をとんとんつけていく。中央部分は、前に飛び出るように花ものを配すると、立体感と動きが出る。

右向きに

09 ハンガーラックの横の端から15cmほどの位置まで枝ものをつけたら、花材の向きを変える。

隠す

10 枝の根元や結束バンドが見えている部分はアセビなど葉の多い枝ものを配して隠す。

11 花材をすべてつけ、ボリューム感など好みの状態になったらできあがり。

小枝の一輪飾り

剪定するときに中途半端な長さになってしまった枝や、
切り戻しを繰り返して短くなった枝は、
小さな花器に入れて「一輪飾り」を楽しみましょう。
花が開いている時間がとても短いモクレンの小枝は
とっておきの花器に生けて主役の装いに。

Method - 01

枝分かれしているところを剪定する

01 写真のモクレンは、最先端の花は花びらが落ちているが、枝分かれした先の花はこれから咲く状態。そのため、水上がりをよくする意味でも主となる枝から切り離し、3本の小枝に分ける。

02 ハサミを使って、枝分かれしているところを切る。

03 3本の小枝を残し、必要のない部分は破棄する。

04 それぞれの小枝のサイズに合わせて3つの花器に生ける。

大きな花と器の比率は2：1に

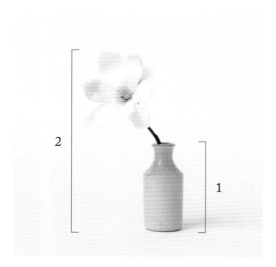

モクレンのように大きな花をつける枝ものや、小花が密集して円を描くスノーボールのような枝ものは、枝と花器の比率を2：1にしておくとバランスがよく見える。少し傾けると圧迫感が軽減し、奥ゆかしさを感じられる。

Method - 03

華奢な枝と器の比率は3：1に

ユキヤナギのように枝が細く、小花が分散して咲く枝ものの1本飾りは、花器の約3倍の長さにカットして生けると、華奢な枝のラインが強調されて、全体にスマートな印象になる。

枝ものと花もの一輪飾りを並べて。枝ものが加わ
ると、全体が引き締まり、力強さを感じさせる雰
囲気になります。枝ものは、モクレン、ガマズミ、
アオモジ、ユキヤナギ。花ものはラナンキュラス、
キリタンサス、アンスリウム。

花を楽しむ枝ものディスプレイ

花器に花を生けるとき、葉をたっぷりつけた枝ものを
数本組み合わせると、ボリュームがアップするだけでなく、
さわやかさを演出できます。また、先に枝ものを生けることで、
あとから入れる花を枝の間に固定することができ、
生けやすくなります。

作り方

[花材・道具]
- ユキヤナギ
- キイチゴ
- ダリア
- エキナセア
- セルリア
- ユーパトリウム
- タンジー
- アンスリウム
- ○ 口が広めの花器
- ○ ハサミ

ユキヤナギ

01 口が広めの花器に水をたっぷり入れる。

02 ユキヤナギは花器の 1.5 倍くらいの高さにカットし、水に浸かる部分の葉は取っておく。まっすぐ入れず、花器の内側の壁に、枝の先が当たるように斜めにユキヤナギを入れることで広がりが生まれる。

交差させる

キイチゴ

03 花器の中で 2 本のユキヤナギの枝が交差するように入れておくことで、あとから入れる花が留まりやすくなる。

04 同様に、キイチゴを入れる。<u>02</u> で交差させた枝の間に差し込み、さらに交差部分を増やす。キイチゴの大きな葉は、花瓶の縁に入れると締まった印象になる。

ダリア

エキナセア

セルリア

タンジー

ユーパトリウム

05
———
ダリア、エキナセア、セルリアなどの顔が大きい花ものを入れていく。**02**と**03**で交差させた枝にひっかけるように入れると生けやすい。

06
———
花の小さなユーパトリウム、タンジーを**05**で入れた花の間に入れ、すき間を埋めていく。

アンスリウム

07
———
最後に、アンスリウムを入れてできあがり。形の丸い花が多いので、ユニークな形のアンスリウムはアクセントになる。

［花ものだけを生けた場合］

［花ものと枝ものを生けた場合］

Point

☑ 写真左のように、花ものだけを生けるとすっ
きりした印象。写真右のように、枝ものを追
加すると、さわやかさと華やかさが加わる。

クロモジの壁飾り

枝のラインが繊細で美しいクロモジをワイヤーで吊るして壁飾りに。
葉のついていない冬のクロモジを用いると
真っ白な壁に濃いブラウンの枝色が映えます。
枝の向きはお好みで。日によって変えてみるのも
おもしろいかもしれません。

吊るす向きによってワイヤーのつけ方を変える

[枝を縦に吊るす場合]

ハサミを用いて、切り口に縦の切れ込みを入れる。ワイヤーを切り込みの間に通して、枝に巻きつけてねじって留める。

[枝を横に吊るす場合]

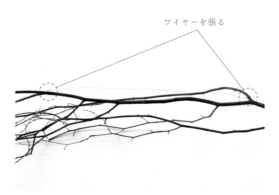

ワイヤーを張る

枝を横にして、吊るしたときにバランスが取れるようにワイヤーを張る。枝の分かれ目にワイヤーを巻きつけると外れにくい。

枝の裏表で印象が変わる

[表を見せる]

枝先を表に向けると、壁の向こうから枝が飛び出してくるような躍動感を味わえる。

[裏を見せる]

枝先を壁に向けると、枝と壁の間に空間が生まれ、より立体的に見える。

ヤドリギの小枝に真っ赤な紐をリボン状に巻いて、マスキングテープで壁に貼りました。クリスマスシーズンに出回るヤドリギは「幸福の木」「愛の木」などと呼ばれる枝もの。幸せを運んできてくれるような壁飾りです。

ユーカリのスワッグ

3種のユーカリの枝葉と実を使ったスワッグです。
丸みを帯びた銀葉のマルバユーカリとグニユーカリをメインに
鋭利な葉のユーカリグロブルスをアクセントにしました。
ユニークな形の実は葉のすき間に
こっそり忍ばせて。
飾っておくとそのままドライになり、
長く楽しめます。

作り方

[花材・道具]
- ● ユーカリ
  - ―〈マルバユーカリ〉
  - ―〈グニユーカリ〉
  - ―〈ユーカリグロブルス〉
  - ―〈ベルギーナッツ〉（実）
- ○ ワイヤー
- ○ フラワーテープ
- ○ 輪ゴム
- ○ リボン

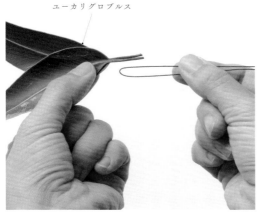

ユーカリグロブルス

01 ユーカリグロブルスの葉を数枚重ねてワイヤーで束ねる。

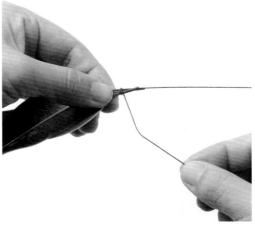

02 ワイヤーはU字型にし、折り曲げた部分とユーカリの茎を合わせて持ち、片方のワイヤーをもう一方のワイヤーと茎に3周ほど巻きつけて固定する。

ベルギーナッツ

03 ベルギーナッツも同様にワイヤーを巻きつけて固定する。ワイヤーにはフラワーテープを巻いておく。

グニユーカリ

マルバユーカリ

04 マルバユーカリは30cmほど、グニユーカリは40cmほどの長さにカットして下の葉を取っておく。カットした短い葉も残しておく。

05 マルバユーカリとグニユーカリを束ねて、
—— 輪ゴムで留める。

06 ベルギーナッツを <u>05</u> の束の上に重ねて束
—— ねる。

07 ワイヤーで束ねたユーカリグロブルスを
—— <u>06</u> の束の端から顔を出すように束ねる。

08 ベルギーナッツとユーカリグロブルスを配
—— 置したあたりに、短くカットしたグニユー
カリを添えてなじませるように束ねる。

09 輪ゴムで留め、輪ゴムにフックをかける。

10 輪ゴムを隠すようにリボンをかけてできあがり。

Point

☑ ユーカリグロブルスの葉は、数枚を束ねて１カ所に配置すると、とがっている葉の個性を生かせる。リボンは、コットンリネン（茶色）と合皮（グレー）の２種を使用。質感と太さが違うものを用いてアクセントに。

ツルウメモドキの巻くだけリース

鮮やかなオレンジ色の実がかわいい
ツルウメモドキだけを使ったリースです。
ツルウメモドキやノバラ、サンキライなどのつる性の枝ものは、
くるっと丸めて枝にひっかけるだけで留まるため、
簡単にナチュラルな雰囲気のリースが作れます。

作り方

[花材・道具]　　● ツルウメモドキ（3本）

01　ツルウメモドキの両端を持って円になるようにたわませ、枝同士を絡ませるようにして留める。

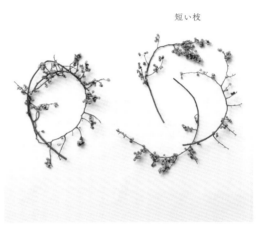

短い枝

02　左が **01** でリース状にしたもの。それだけでもよいが、右のような短い枝があれば、リース状にしたツルウメモドキに絡ませていく。

03　枝と枝のすき間に絡めるなどして、ボリュームを出していく。

04　リース状になったらできあがり。

秋の実のストーンオブジェ

お気に入りの石に秋の実を貼り付けたら、
なんだか不思議なオブジェに。
ポイントは石の表情をよく見ること。
くぼみにピッタリ収めるもよし、平らな部分に並べるもよし。
石や実が遊び道具だった子どものころを思い出して
自由に貼り付けてみてください。

作り方

［花材・道具］
- バラの実
- ノバラの実
- ツルウメモドキの実
- ゲットウの実
- ○ 石
- ○ グルーガン

ノバラの実

バラの実

ゲットウの実

ツルウメモドキの実

01 実と石を用意する。スズバラの実や白いシンフォリカルポスなどドライにならない実は使用しない。

02 実についている枝などの余分な部分をカットする。

03 実にグルーガンをつけて、石の好きなところに貼りつける。

04 できあがり。

針葉樹のリース

香り高い針葉樹をふんだんに用いたリースです。
ヤシャブシやシャリンバイなど、
大人っぽいくすみカラーの実ものをアクセントにしました。
バラの実などの真っ赤な実ものを入れるとクリスマスの装いに。
すべてドライになる花材を用いているので、長く楽しめます。

作り方

[花材・道具]
- 針葉樹
  - ヒムロスギ
  - ヒバ〈スカイロケット〉
  - コニファー
    - 〈ブルーアイス〉
    - 〈ブルーバード〉
    - 〈シルバーダスト〉
- シャリンバイ
- ヤシャブシ
- ユーカリ〈パルディフォリア〉
- ○ リース土台
- ○ ワイヤー
- ○ ハサミ

ヒムロスギ　〈ブルーアイス〉　〈ブルーバード〉　ユーカリ　ヒバ　〈シルバーダスト〉　シャリンバイ　ヤシャブシ

長めに残す　切り離さない

01 針葉樹は15cm、ヤシャブシは20cm くらいの長さに切り分ける。シャリンバイは枝を残し、葉と実に分けておく。

02 リースを壁に掛けたときに上となる部分に、リース用ワイヤーを2周巻きつけ、ねじって留める。ワイヤーをリース土台に巻きながら花材をくくりつけていくので、ワイヤーは切り離さない。また、ワイヤーの巻き始めの部分は長めに残しておく。

2周巻きつける

03 <u>01</u>で切り分けた花材を束ねる。ヒムロスギ、コニファーブルーアイス、ブルーバードの順に重ね、枝をそろえて持つ。

04 <u>03</u>で束ねた花材を<u>02</u>で巻きつけたワイヤーの上に重ねる。ワイヤーを2周巻きつけてリース土台に固定する。

05 03と同様に切り分けた花材を束ねる。針葉樹3種の上に、ヤシャブシを重ね、04と同様にリース土台に固定する。このとき、ワイヤーやリース土台が隠れるように、前に巻きつけた束に半分ほど重ねるのがきれいなリースに仕上げるポイント。

06 03～05を繰り返す。束ねる花材はその都度変え、針葉樹をベースに全体を見ながらシャリンバイやユーカリなどがアクセントになるようにする。

最初に配置した花材を
持ち上げる

07 途中経過。ワイヤーで固定する際は、土台にきつめに巻きつけ、最後にぎゅっと引っ張ることで、花材が立ち上がり、立体感が生まれる。

08 最後に固定する束は、04で最初に固定した束を少し持ち上げ、葉の下に枝をもぐりこませて固定する。

ねじる

09　巻き始めのワイヤーと巻き終わりのワイヤー
　　　をねじってまとめ、壁掛け用の輪とする。

10　できあがり。

Point

☑　半年ほど日の当たらない空間に吊る
　し、自然にドライにした状態。針葉樹
　は色やボリュームもそれほど変わらな
　いので、長い時間楽しむことができる。

根曳き松と
ナンテンの正月飾り

12月半ばころから、お花屋さんには
さまざまなマツ（松）が並びます。
なかでも「根曳き松」は、
十二支の「子」に通じることから
正月の縁起ものとして人気です。
根がついたままの姿から
「成長し続けられるように」という願いを
込めて飾ります。
ほんの少し手を加えて、
年神さまを迎えましょう。

作り方

[花材・道具]
- マツ（寿松、あるいは根曳き松）
- ナンテン
- オタフクナンテン（葉）

○ ワイヤー
○ 接着剤
○ 奉書紙（和紙や半紙でも可）
○ 梅結びにした水引

根曳き松

01 根曳き松。葉や根のつき方など、さまざまなので、好みのものを用意する。

オタフクナンテン

ナンテン

02 花材を 10cm くらいの長さに切り分ける。

03 根曳き松の中央よりもやや上の位置に、ナンテンの実、葉、オタフクナンテンの葉を順に重ねていき、指で押さえておく。

3〜4周巻きつける

04 <u>03</u> で重ねた花材の枝部分に、ワイヤーを3〜4周巻きつけて、ねじって留める。ワイヤーは短く切っておく。

05 ─── 04で巻いたワイヤー部分を隠すため、5cm
ほどの長さに畳んだ奉書紙を巻きつける。
巻き終わりが後ろにくるようにして接着剤
で留める。

06 ─── 04で巻きつけた奉書紙の中央に位置する
ように、梅結びにした水引をつける。木工
用接着剤などを用いる。

07 ─── できあがり。

小さな子どもでも作れる簡単正月飾りです。
くるっと丸めた稲わらのすき間に、ナンテ
ンの実とオタフクナンテンの葉、イネ、マ
ツの葉を差し込んだだけ。花材はお好みで。
縁起のいい植物を用いましょう。

第 4 章

四季と行事の枝もの図鑑

花ものは開花期が旬ですが、枝ものにも旬はあります。

ここでは、お花屋さんで「枝もの」として出回る時季、あるいは

その枝ものが一番美しく見えるときを旬として季節ごとに分類し、

特徴や生け方のポイントを解説します。

また、家の中の同じ場所に行事に合わせた枝ものを飾った場合を

想定して、季節ごとに2パターンの飾り方を提案しています。

全60種類の枝ものの中から、お気に入りを見つけたら、

ぜひ、お花屋さんに足を運んでみてください。

春
の枝もの

春は花の盛り。花つきの枝ものが多く出回ります。
華やかな色の花々と、フレッシュでみずみずしい葉を楽しみましょう。
飾っておくと、芽吹くものも多く、生長を愛でることもできるこの時季。
水が下がりやすいので、丁寧に水揚げをすることが長持ちの秘訣です。

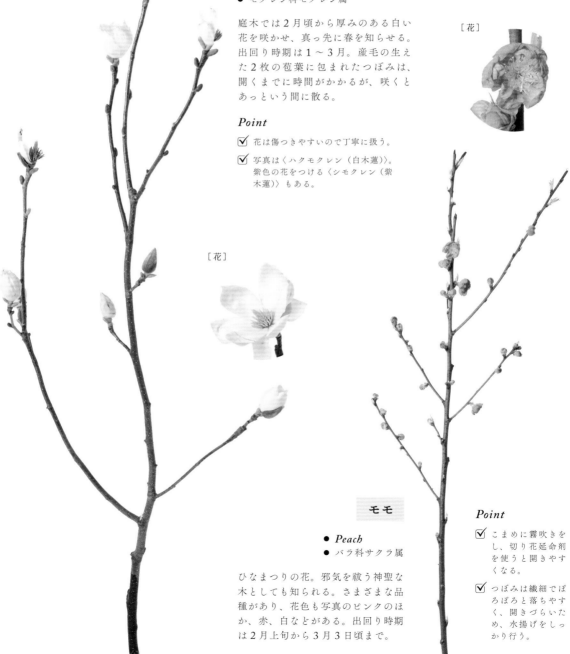

モクレン

● *Magnolia*
● モクレン科モクレン属

庭木では2月頃から厚みのある白い花を咲かせ、真っ先に春を知らせる。出回り時期は1〜3月。産毛の生えた2枚の苞葉に包まれたつぼみは、開くまでに時間がかかるが、咲くとあっという間に散る。

[花]

Point

☑ 花は傷つきやすいので丁寧に扱う。
☑ 写真は〈ハクモクレン（白木蓮）〉。紫色の花をつける〈シモクレン（紫木蓮）〉もある。

[花]

モモ

● *Peach*
● バラ科サクラ属

ひなまつりの花。邪気を祓う神聖な木としても知られる。さまざまな品種があり、花色も写真のピンクのほか、赤、白などがある。出回り時期は2月上旬から3月3日頃まで。

Point

☑ こまめに霧吹きをし、切り花延命剤を使うと開きやすくなる。
☑ つぼみは繊細でぽろぽろと落ちやすく、開きづらいため、水揚げをしっかり行う。

桃の節供に

ひな祭りの花と言えば桃（モモ）の花。
春を代表するチューリップとともに
ひな祭りのあしらいとしました。
ガラス作家・大家具子さんの
袋のような形の花器に生けて。

ツツジ

- *Azalea*
- ツツジ科ツツジ属

街路樹として刈り込まれている状態をよく見かけるが、切り花として出回るものは長く枝葉を伸ばしており新鮮。花の色や大きさはさまざまあるが、写真のように小さい花をつけるものは、奥ゆかしい印象を与える。

［花］

Point

☑ つぼみをつけているものを選び、水揚げをしっかり行うと花が開いていく様子を楽しめる。

ライラック

- *Lilac*
- モクセイ科シリンガ属（ハシドイ属）

甘く、さわやかな香りのする花をたくさんつける。写真の紫のほか、濃いピンク色から白に近いピンク色までさまざまな花色がある。出回り時期は4〜6月頃。葉のない状態で出回っていることもある。

［花］

Point

☑ 花や新芽は乾燥しやすく、あまり持たないので枯れたら摘み取る。長持ちさせたい場合は、水揚げをしっかり行い、水をたっぷり与え、こまめに霧吹きをする。

ミモザ

● *Mimosa*
● マメ科アカシア属

国際女性デー（３月８日）の
シンボルフラワーで、この日
は「ミモザの日」とも呼ばれ
る。ふわふわとした黄色い小
花を咲かせる。出回り時期は
２〜３月。きれいにドライに
なるのでリースやスワッグな
どにもおすすめ。

Point

☑ つぼみは咲きにくいので、開
いた花が多いものを選ぶ。

☑ 花も葉も乾燥しやすいため、
水揚げをしっかり行う。

［花］

ミツマタ

● *Paperbush*
● ジンチョウゲ科ミツマタ属

枝が３つに分かれていることから名
がついた。新芽が出るよりも先に小
花が密集して咲き、半球状となる。
甘くやさしい香りが特徴。樹皮は和
紙の原料としても知られる。

Point

☑ つぼみをたくさんつけているものを
選び、水揚げをしっかり行い、花が咲
くのを待つ。

87

［花］

サクラ

- *Japanese cherry*
- バラ科サクラ属

日本を象徴する春の花。枝ものは花見の
シーズンよりも先、早いものでは年末から
出回り始めるため、季節を先取りする感覚
で楽しめる。色づいたつぼみが多くついて
いるものを選ぶと、徐々に開花する姿が愛
でられる。写真の品種は〈ケイオウザクラ〉。

Point

☑ 花が散った後もそのまま生けておけば、
　新芽が出てくる。

［葉］

門出を祝って

春は出会いと別れの季節。
新しい一歩を踏み出す人の背中を押したい。
そんな気持ちでサクラを中心に、上品な色合いの
ランやチューリップ、バイモユリ、スイートピーなどを
生けてシックなイメージに。

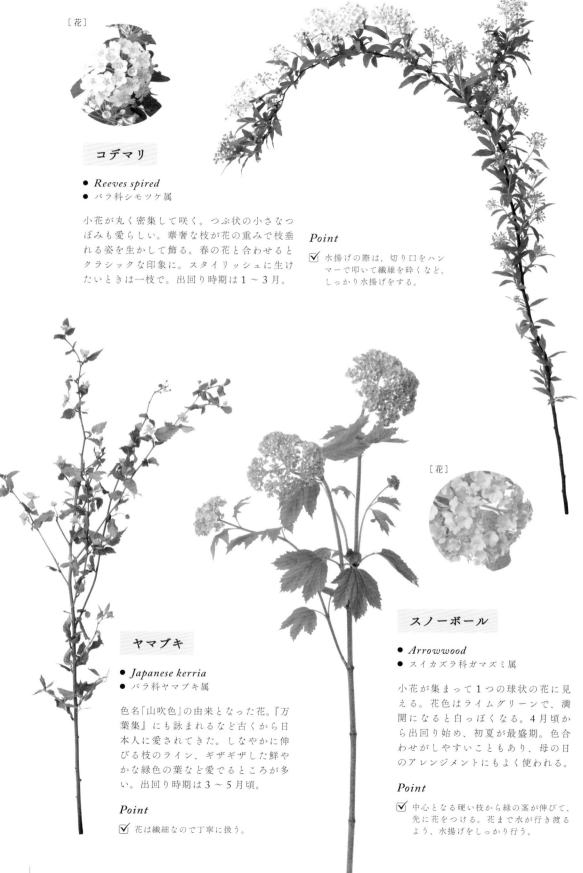

［花］

コデマリ

- *Reeves spired*
- バラ科シモツケ属

小花が丸く密集して咲く。つぶ状の小さなつぼみも愛らしい。華奢な枝が花の重みで枝垂れる姿を生かして飾る。春の花と合わせるとクラシックな印象に。スタイリッシュに生けたいときは一枝で。出回り時期は1〜3月。

Point

☑ 水揚げの際は、切り口をハンマーで叩いて繊維を砕くなど、しっかり水揚げをする。

ヤマブキ

- *Japanese kerria*
- バラ科ヤマブキ属

色名「山吹色」の由来となった花。『万葉集』にも詠まれるなど古くから日本人に愛されてきた。しなやかに伸びる枝のライン、ギザギザした鮮やかな緑色の葉など愛でるところが多い。出回り時期は3〜5月頃。

Point

☑ 花は繊細なので丁寧に扱う。

［花］

スノーボール

- *Arrowwood*
- スイカズラ科ガマズミ属

小花が集まって1つの球状の花に見える。花色はライムグリーンで、満開になると白っぽくなる。4月頃から出回り始め、初夏が最盛期。色合わせがしやすいこともあり、母の日のアレンジメントにもよく使われる。

Point

☑ 中心となる硬い枝から緑の茎が伸びて、先に花をつける。花まで水が行き渡るよう、水揚げをしっかり行う。

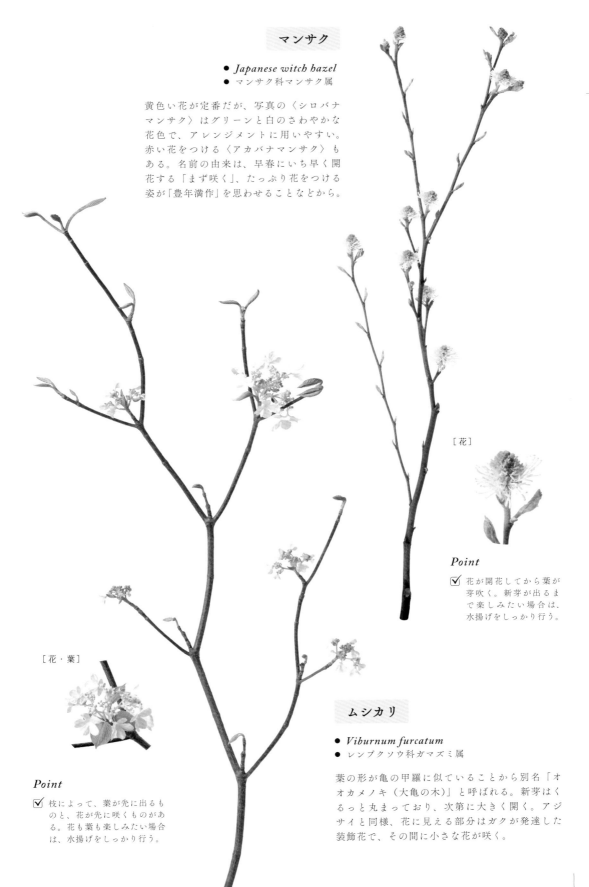

マンサク

- *Japanese witch hazel*
- マンサク科マンサク属

黄色い花が定番だが、写真の〈シロバナマンサク〉はグリーンと白のさわやかな花色で、アレンジメントに用いやすい。赤い花をつける〈アカバナマンサク〉もある。名前の由来は、早春にいち早く開花する「まず咲く」、たっぷり花をつける姿が「豊年満作」を思わせることなどから。

[花]

Point

☑ 花が開花してから葉が芽吹く。新芽が出るまで楽しみたい場合は、水揚げをしっかり行う。

[花・葉]

Point

☑ 枝によって、葉が先に出るものと、花が先に咲くものがある。花も葉も楽しみたい場合は、水揚げをしっかり行う。

ムシカリ

- *Viburnum furcatum*
- レンプクソウ科ガマズミ属

葉の形が亀の甲羅に似ていることから別名「オオカメノキ（大亀の木）」と呼ばれる。新芽はくるっと丸まっており、次第に大きく開く。アジサイと同様、花に見える部分はガクが発達した装飾花で、その間に小さな花が咲く。

91

夏

の枝もの

枝ものの最盛期は夏。切り花は暑さに負けてしおれてしまいがちですが、
夏の枝ものは若芽から大人の葉へと生長し、丈夫な時季です。
おおよそ5～8月くらいに出回る枝ものを紹介します。
フレッシュなグリーンで部屋を涼やかに。

ドウダンツツジ

- *Doudan-tsutsuji*
- ツツジ科ドウダンツツジ属

丈夫で扱いやすく、初めて枝ものを飾る
ときにおすすめ。5月頃から生長した葉
をたっぷりつけたものが、秋には紅葉し
たものが出回る。枝によって葉の形や枝
ぶりが異なるので、よく見て選ぶ。

［葉］

Point

☑ 乾燥しやすいので、水
揚げをしっかり行い、
水をたっぷり与え、こ
まめに霧吹きをする。

［花柄（かへい）］

スモークツリー

● *Smoke tree*
● ウルシ科ハグマノキ属

ふわふわとした花柄が特徴の、別名「ケムリノキ」。枝先に小さな花が咲いた後、小さな黒い実がつくが、これがはじけたものが花柄となる。ドライにする場合は、花柄がたっぷりつき、水分が少なくなる6月下旬頃に出回るものがおすすめ。写真は〈ホワイトファー〉。花柄が赤やピンク、グリーンの品種もある。

Point

☑ ウルシ科で、枝の切り口からかぶれの原因となるヤニが出るので手袋などをして取り扱う。

［葉］

ヒュウガミズキ

● *Winter hazel*
● マンサク科トサミズキ属

春に花が咲いた後、葉をたっぷりつけたものが、5月頃から出回る。卵型の葉は葉脈がはっきりと見え、緑がギザギザしている。若い葉はピンクがかっており、大人の葉は淡いグリーンで、全体的に柔らかな雰囲気。

Point

☑ 葉先まで水が行き渡りにくいので、水揚げをしっかり行い、こまめに霧吹きをする。葉が枯れたら、その部分だけ切り取る。

93

夏至の日に

夏至は、六月二十一日頃。一年で最も日が長く、
夜が短くなる日です。北極圏や北欧の国では
1日中太陽が沈まない白夜が訪れます。
キャンドルのそばに、花盛りのアジサイを飾って。
夏本番前の涼やかなあしらいです。

ブルーベリー

- *Blueberry*
- ツツジ科スノキ属

ギンバグミ

- *Silverberry Oleaster*
- グミ科グミ属

グミは日本でも 15 種ほどが自生しているが、写真の〈ギンバグミ〉はとげがなく、扱いやすい。ドライになるので夏のリースの素材におすすめ。乾くと葉がくるっと丸まり、白い葉の裏面が見えて明るい印象になる。

Point

☑ 古くなると枝から葉がぼろっと落ちる。

アジサイ

- *Hydrangea*
- アジサイ科アジサイ属

さまざまな色や質感の品種が通年で回っているが、庭木としては 5 〜 7 月が開花期。写真の〈秋色アジサイ〉はグリーンとブルーが混じったニュアンスカラーが人気。花に見える部分のガクにハリのあるものを選ぶと持ちがよい。

Point

☑ 水揚げの際は、枝を斜めにカットしてから中のワタを取り出す。水換え時に全体に霧吹きをするとフレッシュな状態をキープできる。

枝もののブルーベリーの出回り時期は 5 〜 7 月頃。実の色は、熟するにつれグリーンやブルー、赤へと変化する。ただし観賞用のため食べることはできない。秋には紅葉した枝が出回ることもある。

Point

☑ 実は水分が不足するとしわしわになるので、水揚げをしっかり行う。

ソケイ

- *Spanish jasmin*
- モクセイ科ソケイ属

春の終わりころに黄色の小花が咲く。丈夫で長持ちするので、花が落ちた後も濃い葉の色や、細く流れるような枝のラインが楽しめる。葉が小さいので、ほかの花と合わせて生けてもさわやかな引き立て役になる。

Point

☑ 葉がたっぷりついているので、重なり合って見える部分を切り取ると、枝のラインが美しく見える。

ホオズキ

- *Chinese lantern*
- ナス科ホオズキ属

日本ではお盆のしつらいに使われることが多い。袋状のガクの質感が独特で、合わせる花器やほかの花次第で和洋どちらの雰囲気にもなる。出回り時期は7～8月。

Point

☑ 水揚げの際は、枝を斜めにカットしてから中のワタを取り出す。

☑ 葉はしおれやすいので飾る前にすべて切り取る。

☑ 袋状のガクを水に数日間つけておくと、皮がふやけて剥がれ、葉脈だけが残った透かしホオズキに。

［ガクと実］

［透かしホオズキ］

七夕飾りに

七夕といえば、笹竹が定番ですが、
趣を変えてホオズキを生けました。
漢字で「鬼灯」「灯籠草」とも書くホオズキは、
古くから提灯の火などに見立てて飾られてきたそう。
ぽっと明かりがともったような空間が演出できます。

[実]

ブラックベリー

- *Blackberry*
- バラ科キイチゴ属

若実は緑色で、時を経て赤、完熟の黒へと色が移り変わり、サイズも小さくなっていく。観賞用の緑色の実がつくものの出回り時期は5～9月。長く楽しみたい場合は緑色の実がついているものを選ぶ。ブーケやアレンジメントのアクセントに。

Point

☑ 葉は柔らかく、しおれやすいので、必要のない部分は切り取る。

☑ 茎にはとげがあるので扱いに注意。

[早春の花]

ユキヤナギ

- *Thunberg spired*
- バラ科シモツケ属

早春、真っ白な小花をつけるが、散りやすいので枝ものとしての旬は夏から秋にかけて。細い枝に、細長く柔らかな葉がたっぷりつく。葉は枝の表側だけにつくので、表が正面になるように生ける。

Point

☑ 花まで水が行き渡るよう、水揚げの際は、切り口を手で折るか、ハンマーで叩き割る。

☑ 古い葉は落ちやすいので、水換え時にふるい落とす。

サンキライ

● *Catbrier*
● サルトリイバラ科（ユリ科）シオデ属

別名「サルトリイバラ（猿捕茨）」。つる性の枝
は、節ごとに折れ曲がりながら伸び、ほかの植
物に絡まりながら育つ。5〜6月頃はグリーンの
実、11〜12月頃は赤い実をつけたものが出回る。
枝によって実のつき方、葉の量、つるの長さな
どが異なるので、よく見て選ぶ。

Point

☑ 実は取れやすいので丁寧に扱う。

☑ 吊るしておくとドライになる。

［実］

キイチゴ

● *Bramble*
● バラ科キイチゴ属

切り花、園芸種として人気で、
さまざまな種類がある。写真は
赤ちゃんの手のひらのような葉
が特徴の〈ベビーハンズ〉。つや
やかで濃いグリーンの葉は生命
力にあふれており、夏らしい。
数本まとめて生けてもかわいい。

Point

☑ 水が上がりやすく、扱いや
すい。夏の暑さにも強く、
長持ちする。

☑ 黄色くなった葉は切り取る。

秋
の枝もの

秋といえば、実がついている枝もの＝実もの。

実ものを1本飾るだけで、部屋が秋の装いに生まれ変わります。

花器に生けるのもいいですが、くるっと丸めてリースのようにしたり、

ほかの花と組み合わせてスワッグにしたり、

秋の枝ものは、創作意欲も刺激してくれます。

フェイジョア

● *Feijoa*
● フトモモ科アッカ属

街路樹で見かけることも多い常緑樹。丸みを帯びた葉を持つ。葉の表はつやのある濃いグリーンだが、裏は綿毛が密生してシルバーがかっており、葉脈がはっきり見える。枝の色は赤茶。ドライにもなる。

Point
☑ 日持ちがよく、扱いやすい。
☑ 葉は枯れるとぼろっと落ちる。

[実]

カクレミノ

● *Kakure-mino*
● ウコギ科カクレミノ属

名前の由来は葉の形が「隠れ蓑」に似ていることから。「テングノウチワ」の別名もある。夏に黄緑色の小花が咲き、秋に楕円形の実をつける。グリーンの実をつけたものが出回る時期は6〜9月頃。葉の色が濃く、量も多いので、葉の量を減らして飾るとすっきり見える。

Point
☑ 日持ちがよく、扱いやすい。

[実]

ツルウメモドキ

- *Oriental bittersweet*
- ニシキギ科ツルウメモドキ属

生け花の定番花材で、〈ウメモドキ〉に
似ていることから名がついた。ほかの木
の枝に絡まりながら育つつる性植物。実
が熟すと、外側の緑色の皮がはじけて中
から仮種皮と呼ばれるオレンジ色の実が
現れる。表情豊かな枝のラインを生かし
て飾りたい。9 〜 12 月頃出回る。

Point

☑ 実がぼろぼろと落ちやすい
　ので丁寧に扱う。

☑ 枝は手で簡単に曲げられる
　のでリースなどに向き、そ
　のまま飾っておくとドライ
　になる

[ガク]

ノリウツギ

- *Panicled hydrangea*
- アジサイ科アジサイ属

日本原産のアジサイの一種だが、一般的
なアジサイが終わる頃から出回る。ガク
の色は白や緑、赤があるが、秋に出回る
ものは赤みがかったものが多い。日なた
などで紫外線がよく当たったガクは赤み
が強い。円錐状の花房が特徴的で、「ピ
ラミッドアジサイ」とも呼ばれる。

Point

☑ 水揚げの際は、枝を斜めにカットして
　から中のワタを取り出す。

☑ 吊るしておくとドライになる。

ビバーナム・コンパクタ

● *Viburnum*
● スイカズラ科ガマズミ属

夏頃からグリーンの実をつけたものが出回り始め、冬に向かって徐々に赤く色づいたものが出てくる。一枝にたっぷり実がついているので、アレンジメントにボリュームを加えたいときにおすすめ。ドライには向かない。

Point

☑ 大きな葉は枯れやすいので切り取ったほうがすっきりとして見える。

［実］

ノバラの実

● *Rose hip*
● バラ科バラ属

公園や川沿いなどでよく見かける身近なバラの実。ややつる性があり、枝が大きく曲がっていることもある。7月頃からグリーンの実が出回り、12月に向けて赤く色づいたものが出回るようになる。赤い実はドライになり、クリスマスリースによく使われる。

Point

☑ 時間が経つと実がしわしわになり、落ちやすくなるので、ドライにする場合はフレッシュなうちに乾かす。

スズバラの実

● *Rose hip*
● バラ科バラ属

ピンクの花を咲かせるバラ〈ロサ・グラウカ〉の実。別名「ローズヒップ」。オレンジ色の実が鈴なりにつく枝もので、秋のアレンジメントに人気。出回り時期は短く、9月中旬から10月の1週目頃まで。ドライには向かない。

Point

☑ 時間が経つと実がしわしわになり、黒くなって落ちる。水揚げをしっかり行うとしわになりにくい。

[実]

バラの実

● *Rose hip*
● バラ科バラ属

実を楽しむために品種改良されたバラ〈センセーショナル・ファンタジー〉の実。枝の先一つひとつにトマトを小さくしたような形状の赤い実がつく。実の先にガクの残りがついておりワイルドな印象。ドライになる。

Point

☑ さまざまなバラの実の中でも日持ちがよく、扱いやすい。

☑ 実の先のガク（黒い部分）は取り除くと柔らかな印象に。

お月見のしつらいに

お月見は日本で古くから大事にされてきた行事。

秋の七草のススキ（尾花）やフジバカマなどとともに、

お団子をイメージしたシンフォリカルポスを生けました。

器は、陶芸作家ユニット Satoko Sai + Tomoko Kurahara の作品。

ヤマコウバシ

- *Yamakoubashi*
- クスノキ科クロモジ属

春、新芽が出るまで葉が落ちないこ
とから受験生のお守りとして人気の
落葉樹。夏にグリーンの実をつけ、
10~1月頃黒く熟す。ドライになる
ので、吊るして飾るのもおすすめ。

Point

☑ 乾燥しやすいので、水揚げを
　しっかり行い、水をたっぷり
　与え、こまめに霧吹きをする。

シンフォリカルポス

- *Snowberry*
- スイカズラ科シンフォリカルポス属
　（セッコウボク属）

直径1cmほどのまん丸の実をつける枝もの。実
の色は、白、ピンク、赤などさまざまだが、白
い実のものは「雪晃木」の和名を持つ。8月頃か
ら12月頃まで出回る。赤い実のものはドライに
なるが、白い実のものはドライにはならない。

［実］

Point

☑ 実は柔らかく、傷つ
　きやすいので丁寧に
　扱う。

☑ 葉は枯れやすいの
　で、必要のない部分
　は切り取る。

キリ

- *Empress tree*
- キリ科キリ属

軽くて丈夫なことから、箪笥や琴、琵琶などの原料として重宝されてきた。実のように見える球体の部分は花のつぼみで、表面に細かい産毛がついており柔らかな質感。アレンジメントのアクセントになる。

Point

- ☑ 枝は柔らかく、ハサミなどでサクッと切れる。
- ☑ 水に生けたまま一冬を越えると、春につぼみが開き、紫色の甘い香りの花となることがある。

［つぼみ］

［新芽］

ティーツリー

- *Tea tree*
- フトモモ科コバノブラシノキ属

葉から抽出したアロマオイルが有名。葉に触れるとすっきりとしたフレッシュな香りがする。オーストラリアなどを産地とするワイルドフラワーの一種。常緑だが、10月頃に多く出回る。

Point

- ☑ 枝先につく新芽は黄緑色で美しいが、枯れやすいので、クタっとしたらその部分だけ切り取る。

ハロウィンウィークに

小さなカボチャのような実がついている
ソラナム・パンプキンと、赤い枝、葉、ギザギザの
実がどことなく妖艶なヒマ、ビロードのような
質感のつぼみをつけるキリを１本ずつ、
重厚感のあるアンティークの花器に生けました。
おもちゃカボチャを添えて、
ハッピーハロウィン。

冬

の枝もの

木枯らしが吹き、街の木々は葉を落とす時季。お花屋さんには、
リースやスワッグに欠かせない香り高い針葉樹のほか、
新芽や愛らしい花をつけて春の訪れを感じさせてくれるものなど、
さまざまな枝ものが並びます。

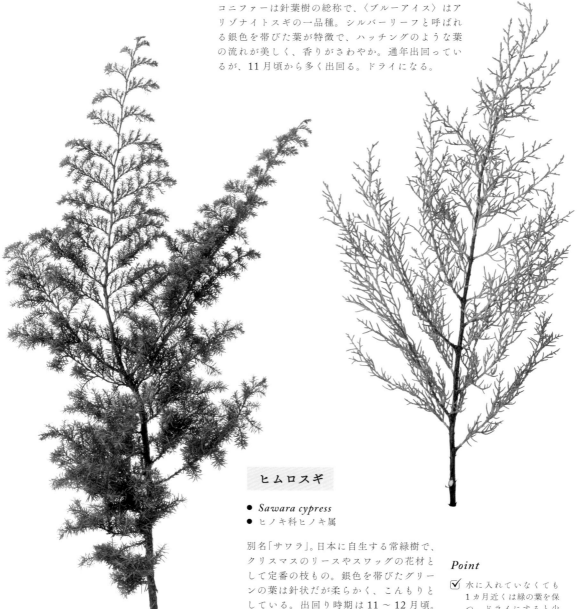

コニファー〈ブルーアイス〉

- *Cupressus arizonica'Blue Ice'*
- ヒノキ科ホソイトスギ属

コニファーは針葉樹の総称で、〈ブルーアイス〉はア
リゾナイトスギの一品種。シルバーリーフと呼ばれ
る銀色を帯びた葉が特徴で、ハッチングのような葉
の流れが美しく、香りがさわやか。通年出回ってい
るが、11月頃から多く出回る。ドライになる。

Point
- ☑ ヤニが多いので、扱う際や
  飾る場所に注意する。

ヒムロスギ

- *Sawara cypress*
- ヒノキ科ヒノキ属

別名「サワラ」。日本に自生する常緑樹で、
クリスマスのリースやスワッグの花材と
して定番の枝もの。銀色を帯びたグリー
ンの葉は針状だが柔らかく、こんもりと
している。出回り時期は11〜12月頃。
ドライになる。

Point
- ☑ 水に入れていなくても
  1ヵ月近くは緑の葉を保
  つ。ドライにすると少
  しずつ色あせていく。

コニファー〈シルバーダスト〉

- *Leyland cypress 'Silver Dust'*
- ヒノキ科レイランドヒノキ属

枝に密着する鱗片状の葉が特徴。雌花と雄花があり、雌花には枝先に球形の実がついていることがある。写真は斑入り。葉の垂れ下がり具合を生かすように飾る。出回り時期は11〜12月頃。ドライになる。

Point

☑ 白い斑入りの葉は茶色くなりやすいので、変色したら切り取る。

コニファー〈ブルーバード〉

- *Chamaecyparis pisifera 'Boulevard'*
- ヒノキ科ヒノキ属

「ボールバード」「ブールバード」とも呼ばれる。ヒムロスギに似ているが、葉が長く、ボリュームがある。クリスマスのアレンジメント花材としてよく使われる。出回り時期は11〜12月頃。ドライになる。

Point

☑ 水が濁りやすいので、こまめに水換えをする。

☑ 霧吹きをすると乾燥を防げる。

正月のお祝いに

庭のナンテンを剪定してお気に入りの器に盛り、
「難を転ずる」あしらいに。あわただしい正月、
素朴で穏やかなたたずまいのナンテンが目に留まると、
きゅっと気持ちが引き締まるような気がします。
器は、陶芸家の清水善行さんの作品。

ナンテン

- *Nandina*
- メギ科ナンテン属

赤い実が円錐状にびっしりとつく枝もの。名前の響きから「難を転ずる」として、魔除け・厄除けの縁起もの。正月飾りに欠かせない。出回り時期は 11 〜 12 月頃。12 月は赤い実だけ短くカットした「天実」も出回る。

［実］

Point

☑ 実は落ちやすく、枝は折れやすいので丁寧に扱う。

☑ 水揚げの際、枝の先をハンマーで叩いてつぶすと水上りがよくなる。

マツ

- *Pine*
- マツ科マツ属

正月飾りに欠かせない枝もの。写真は〈クロマツ（黒松）〉。12 月半ばには全国の青果市場で年に 1 度の「松市」が開かれるなど、さまざまな品種がある。葉のつき方や、枝の曲がり方などが好みのものを選ぶ。出回り時期は 12 月頃。

Point

☑ 松ヤニが出るので扱う際や飾る場所に注意する。

ヤシャブシ

- *Japanese green alder*
- カバノキ科ハンノキ属

冬に出回るヤシャブシは、葉を落としており、小さなマツボックリのような実がついている。グリーンの愛らしいつぼみもついていることがあるが、切り枝は生長しない。出回り時期は 10 〜 12 月頃。ドライになる。

Point

☑ 時間が経つと実から種が落ちるので、水換えの際にふるい落とす。

ヤドリギ

- *Mistletoe*
- ヤドリギ科ヤドリギ属

ほかの樹木の枝の上で生育する植物。黄色みがかった葉は肉厚。透明でつややかな果実をつける。幸運をもたらすとされ、クリスマスの飾りにもぴったり。出回り時期は 11 〜 12 月頃。実がたくさんついているものを選ぶ。

［実］

Point

- ☑ 実はつぶれると粘り気のある液が出る。
- ☑ 水が濁りやすいので、水換えのたびに花器を洗剤で洗い、茎も水で洗い流すとよい。

シャリンバイ

- *Indian hawthorn*
- バラ科シャリンバイ属

葉が車輪状につき、梅に似た花を咲かせることから、漢字で「車輪梅」と書く。夏にグリーンの実をつけ、秋冬には黒紫色になる。葉は、冬でも硬く、かっちりとしており、ツヤがある。出回り時期は 10 〜 12 月頃。ドライになるので、クリスマスやお正月のアレンジメントに用いられる。

Point

- ☑ 実を目立たせたい場合は、葉を切り取って飾るとよい。
- ☑ 黒紫色に熟した実は、乾燥するとマットな黒色に。

［実］

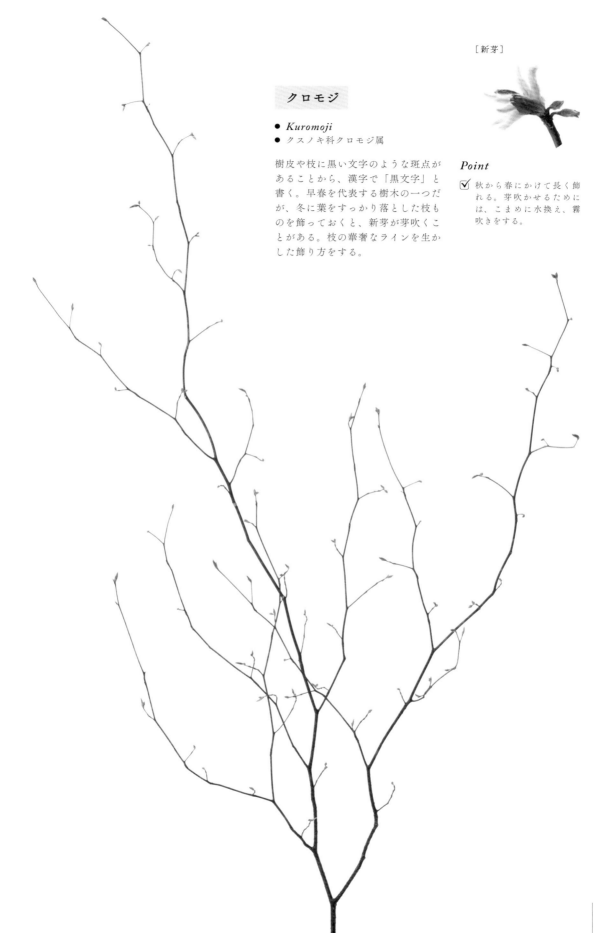

[新芽]

クロモジ

● *Kuromoji*
● クスノキ科クロモジ属

樹皮や枝に黒い文字のような斑点があることから、漢字で「黒文字」と書く。早春を代表する樹木の一つだが、冬に葉をすっかり落とした枝ものを飾っておくと、新芽が芽吹くことがある。枝の華奢なラインを生かした飾り方をする。

Point

☑ 秋から春にかけて長く飾れる。芽吹かせるためには、こまめに水換え、霧吹きをする。

ロウバイ

- *Winter sweet*
- ロウバイ科ロウバイ属

雪の降る時期に甘い香りの花を咲かせ、春の訪れを真っ先に知らせてくれる。葉が芽吹くよりも先に花が咲く。直線的な枝のラインが特徴。出回り時期は 12 〜 1 月頃。

Point

☑ つぼみが落ちやすいので、丁寧に扱う。

☑ 水揚げをしっかり行ってもつぼみが開かない場合は、切り口を数センチほど切って、再度水揚げをすると開くことがある。

［花］

ツバキ

- *Camellia*
- ツバキ科ツバキ属

日本各地に自生する〈ヤブツバキ〉のほか、世界中で 1000 を超える園芸品種が出回っている。漢字で「椿」（春の木）と書き、日本のしつらいでは 2 月の立春に生ける。花の少ない冬に重宝する。出回り時期は 12 〜 5 月頃。

［葉］

Point

☑ つぼみは硬く、ゆっくり時間をかけて開花する。水揚げと手入れをしっかり行うと咲きやすくなる。

節分から立春にかけて

とげとげとした葉を嫌って鬼が逃げていくというヒイラギと、

節分の翌日の立春を先取りしてツバキを生けました。

複数の枝ものを一輪ずつ、陶器やガラスなどさまざまな花器に生けて並べると、

にぎやかな印象になります。

通年
の枝もの

時季を問わずに出回っている枝ものです。
季節ものに比べて丈夫で、扱いやすいのが特徴。
個性的なワイルドフラワーから、日本で古くから
愛されてきた枝ものまで、バラエティ豊かです。

アセビ

- *Japanese andromeda*
- ツツジ科アセビ属

日本最古の歌集『万葉集』に登場
するなど長く日本人に愛されてき
た植物。濃いグリーンの葉はつや
やかで生命力にあふれている。枝
の表面がけばけばしく野生的。春
には、スズランのように垂れ下が
る小さな花をつける。

Point

- ☑ 葉や枝に毒性があるが、食
  さなければ問題ない。丈夫
  で、水に入れておけば1カ
  月以上持つ。

- ☑ 春から夏にかけて、新芽の
  時期は葉が柔らかく、枯れ
  やすい。

[新芽]

お客さまを迎えて

さりげないあしらいでお客さまを招きたい。
野趣のあるアセビと対照的に、
繊細で華奢なクレマチスを飾って
華やいだ空間に仕上げました。
アセビはどんな花とも
相性がよい枝ものです。

マグノリア

- *Magnolia*
- モクレン科モクレン属

大きく、厚手の葉は、表はつややかなグリーン、裏はマットな質感のブラウン。色と質感のコントラストが美しい。ドライにもなるので、リースなどのアレンジメントに用いるのもよい。国産ものは「タイサンボク」の名で流通している。

[葉（表）]

[葉（裏）]

Point

☑ 乾燥しやすいので、水揚げをしっかり行い、水をたっぷり与え、こまめに霧吹きをする。

ヒペリカム

- *Tutsan*
- オトギリソウ科オトギリソウ（ヒペリカム）属

ドングリのようなふっくらとした形の実をつける。約300種類の品種があるとされ、実の色は写真の赤をはじめ、グリーンや白、ピンクなどバリエーション豊か。葉もしっかりとしていて大きく、秋頃限定で紅葉したものも出回る。

[実]

Point

☑ 湿気に弱く、実や葉が黒ずむことがあるので風通しのいい場所に置く。

☑ 水揚げをしっかりすれば長持ちする。

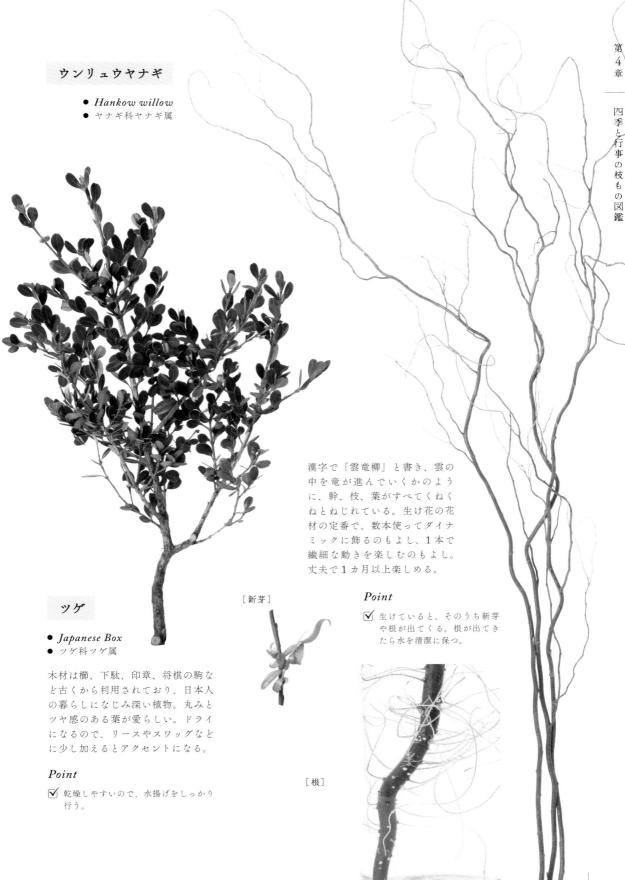

ウンリュウヤナギ

- *Hankow willow*
- ヤナギ科ヤナギ属

漢字で「雲竜柳」と書き、雲の中を竜が進んでいくかのように、幹、枝、葉がすべてくねくねとねじれている。生け花の花材の定番で、数本使ってダイナミックに飾るのもよし、1本で繊細な動きを楽しむのもよし。丈夫で1カ月以上楽しめる。

Point

☑ 生けていると、そのうち新芽や根が出てくる。根が出てきたら水を清潔に保つ。

[新芽]

[根]

ツゲ

- *Japanese Box*
- ツゲ科ツゲ属

木材は櫛、下駄、印章、将棋の駒など古くから利用されており、日本人の暮らしになじみ深い植物。丸みとツヤ感のある葉が愛らしい。ドライになるので、リースやスワッグなどに少し加えるとアクセントになる。

Point

☑ 乾燥しやすいので、水揚げをしっかり行う。

119

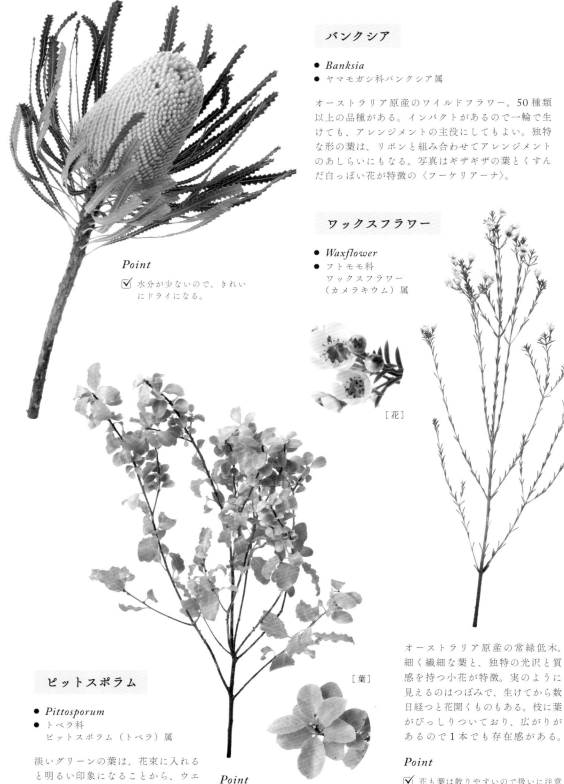

バンクシア

- *Banksia*
- ヤマモガシ科バンクシア属

オーストラリア原産のワイルドフラワー。50種類以上の品種がある。インパクトがあるので一輪で生けても、アレンジメントの主役にしてもよい。独特な形の葉は、リボンと組み合わせてアレンジメントのあしらいにもなる。写真はギザギザの葉とくすんだ白っぽい花が特徴の〈フーケリアーナ〉。

Point

☑ 水分が少ないので、きれいにドライになる。

ワックスフラワー

- *Waxflower*
- フトモモ科
  ワックスフラワー
  （カメラキウム）属

［花］

オーストラリア原産の常緑低木。細く繊細な葉と、独特の光沢と質感を持つ小花が特徴。実のように見えるのはつぼみで、生けてから数日経つと花開くものもある。枝に葉がびっしりついており、広がりがあるので1本でも存在感がある。

Point

☑ 花も葉は散りやすいので扱いに注意する。

☑ 乾燥しやすいので、水揚げをしっかり行い、水をたっぷり与え、こまめに霧吹きをする。

ピットスポラム

- *Pittosporum*
- トベラ科
  ピットスポラム（トベラ）属

淡いグリーンの葉は、花束に入れると明るい印象になることから、ウエディング用途でも人気。新しい葉は丸く、生長するにしたがって波打ち、カールする。斑入りなどさまざまな品種がある。

［葉］

Point

☑ 乾燥すると葉が落ちやすいので、冷暖房などを避けて飾る。特に、春から初夏にかけての新芽の時期は、葉が落ちやすい。

なんでもない日に

スプレー咲きのワックスフラワーを数本束ね、
たっぷりのボリュームを出してお気に入りの花器に生けました。
なんでもない日も、枝ものを飾ると特別な日になります。

ユーカリ

- *Eucalyptus*
- フトモモ科ユーカリ属

ユーカリの種類は 500 以上、数え方によっては 1200 以上になると言われており、さまざまな姿かたちのものが出回っている。個性的な葉の形はもちろん、爽快感のある香りや、ユニークな形のつぼみや実を楽しめる品種もある。オーストラリアなどを原産地としたワイルドフラワーの一種で、ドライになりやすい。

Point

☑ 水揚げをしっかりすれば、2週間以上日持ちすることも。

☑ ドライにする場合は、フレッシュなうちに乾かすとよい。

［葉］

〈マルバユーカリ〉

茎も葉も白く粉がかったグリーンで、円形で先のとがった葉が特徴的。葉は茎を抱くようにつく。

［葉］

〈グニユーカリ〉

別名「ユーカリ・グニー」「サイダーガム」。小さく卵型の葉をつける。若葉は愛らしいハート形。

［葉］

〈ユーカリニコリ〉

別名「ニッコリー」。細長い葉をたっぷりつけ、枝垂れるような姿。スワッグにボリュームを出したいときに。

〈ユーカリ・ポポラスベリー〉

小さなつぼみをたっぷりつけ
ている品種。丸く可愛らしい
葉が互い違いについている。

［つぼみ］

［葉］

ユーカリの実を愛でる

枝や葉だけでなく、ユーモラスな形の実もユーカリの
魅力。工芸品や骨とう品のような形や色合いは、皿の
上に置くだけでも楽しめる。ドライになった状態で花
材として出回っていることもある。

〈アーバンナッツ〉

〈ベルギーナッツ
（ベルガムナッツ）〉

〈スパイダーガムクロウ〉

〈ボタンガム〉

おわりに

春には初々しい小花と新芽を楽しみ、
夏には青々しいドウダンツツジから涼を得て、
秋には丸々とした実ものを愛で、
冬には香り高い針葉樹で心を穏やかに。

気になる枝ものに出合えましたか？
自宅で飾ってみたい空間はありましたか？

本書を手に取り、今すぐお花屋さんへ
枝ものに買いに行きたくなった方もいらっしゃるのではないでしょうか。

枝ものを迎える前に、ひとまずこれだけは知っておいてほしい
5つのポイントをお伝えします。

● 枝ものは切り花に比べてたくさん水を吸うので、お水はたっぷりあげてください
● 切り口は、できる限り割りましょう。割りすぎて NG はありません
● 水換えが大変な大きい枝ものは、ちょろっと漂白剤を垂らしおくと水が濁りにくくなります
● 枝もの用の花瓶があると便利です。飾っておくだけで絵になるものがおすすめです
● 枝ものを飾る場所を決めておくと、枝もの選びがより楽しくなります

「枝もののある暮らし」は、部屋に四季を呼び込み、豊かな気持ちを育むことができます。

本書を通して、敷居が高いと思われがちな枝ものを
少しでも身近に感じていただけたらうれしいかぎりです。

最後に、撮影チームの皆様に心から感謝申し上げます。

そしてお力をお貸しくださった皆様にお礼を申し上げます。

北中植物商店　小野木彩香

北中植物商店

三鷹市の野川沿いにある庭と花の植物店。
季節の切り花、枝ものの販売や花教室を行っている。
野川の景色を借景とした雑木の庭も楽しめる。

［営業時間］	土曜は 13:00 〜 17:00
	金曜・日曜は完全予約制で 11:00 〜 17:00
	（不定休）
［住所］	東京都三鷹市大沢 6-10-2
［電話番号］	0422-57-8728
［HP］	http://www.kitanakaplants.com/
［Instagram］	kitanaka_plants

【著者略歴】

小野木彩香　おのぎあやか

夫婦で営んでいる北中植物商店の「花部門」を担当。
都内を中心としたウエディング・店舗装飾のほか、
イベント出店、教室を行っている。草花を使ったス
タイリング、独創的なアレンジメントに定評がある。
著書に『朽ちてなお美しい ドライボタニカル入門』
『毎日、一輪。はじめて花・葉・枝を生ける人のため
の手引帖。』（いずれもエクスナレッジ刊）がある。

小さな家、ひと部屋からできる
枝もののある暮らし

2024 年 6 月 3 日　初版第 1 刷発行

著　者　　小野木彩香
発行者　　三輪浩之
発行所　　株式会社エクスナレッジ
　　　　　〒 106-0032 東京都港区六本木 7-2-26
　　　　　https://www.xknowledge.co.jp/

問合せ先　［編集］TEL 03-3403-5898 ／ FAX 03-3403-0582 ／ info@xknowledge.co.jp
　　　　　［販売］TEL 03-3403-1321 ／ FAX 03-3403-1829